Theraphosidae

Fugleedderkopper, New world

Jan Andersen

BoD - Books on Demand GmbH, Hellerup, Danmark

©2021 Jan Andersen
Forlag: BoD - Books on Demand, Hellerup, Danmark
Tryk: BoD - Books on Demand, Norderstedt, Tyskland
Omslag design: Jan Andersen
Foto, Adobe Stock, Pixabay, Jan Andersen

ISBN 978-87-43034-03-2

Indholdsfortegnelse

Indledning

Da jeg efter lang tids overvejelse besluttede mig for at anskaffe en fugleedderkop, meldte der sig en del spørgsmål. Da der ikke findes litteratur på dansk om dette emne, har jeg her brugt mine egne og andres erfaringer og prøvet på at samle det hele så det giver nogle generelle retningslinjer omkring pasning, fodring og hvad der ellers venter. Nu har du altså besluttet dig for en fugleedderkop. Mit første spørgsmål er, er du helt sikker på din beslutning.

Fugleedderkopperne er lige så meget kæledyr som fisk, de har ikke brug for kontakt som andre kæledyr og de kan være lunefulde. Inden du køber en fugleedderkop, bør du finde alle tilgængelige oplysninger om edderkoppens måde at leve på, temperament og pasning. På de efterfølgende sider vil jeg præsentere dig for 10 begynder edderkopper og fortælle dig lidt om hvad du kan forvente.

Acanthoscurria geniculata

DK. Navn: Hvidknæet fugleedderkop.
Terrestrial: ja
Arboreal:
Fossorial:
New World: ja
Old World:

Forekomst: Nordlige Brasilien
Kropslængde: ca. 9 cm
Totallængde Diagonalt: ca. 21 cm
Nældehår: Ja
Levetid: Hun ca. 20 år - Han ca. 4 år.
Erfaring: Begynder/nogen erfaring.

Habitat:Den hvidknæet fugleedderkop hører hjemme i de nordlige skovområder i Brasilien. Klimaet der omfatter et bredt spekter af vejrforhold.

Temperatur/fugtighed: Stuetemperatur 20 - 23 grader, passende fugtighed opnås ved at vande et hjørne af terrariet så vandet siver ned. Om vinteren skal man være mere opmærksom på fugtighed da indeklimaet på denne tid af året er mere tørt.

Terrarie: Små sling har brug for 4 - 6 cm bundlag, så de kan grave sig ned. Ungdyr og voksne skal have omkring 6 - 8 cm bundmateriale. Selv som voksen vil den gerne grave sig ned.

Bundlag: Jeg bruger en blandning af almindelig såjord, vermiculite, sand og kokosfiber.

Acanthoscurria geniculata

Skjul: Du kan bruge korkbark, kokosnød eller plastik. Det mest brugte er nok korkbark fordi det ser mere naturligt ud.

Fodring: De helt små fodrer jeg med melorm/fårekyllinger evt. aflivet og delt i flere stykker, 1 - 2 gange ugentlig. Ungdyr fodres med 3 - 4 medium fårekylling eller 2 medium dubia 1 gang om ugen. Voksne dyr får 2 store dubia eller 8 - 10 fårekyllinger pr. uge.

Vand: Jeg sørger for at der er frisk vand hver dag.

Tilvækst: A. geniculata vokser forholdsvis hurtigt med den rigtige temperatur/fugtighed kan den nå 8 - 10 cm på et år.

Temperament: Den er livlig/hurtig men ikke aggressiv. Den kan stille sig i forsvarsposition men vil hellere gemme sig. Jeg har ikke oplevet at den stryger nældehår efter mig.

Bemærkning: Den er glubsk og grådig når den spiser og nægter kun foder når den nærmer sig hamskifte. Generelt er det en pragtfuld edderkop.

Aphonopelma seemanni

DK navn: Zebra tarantel
Terrestrial: ja
Arboreal:
Fossorial: ja
New world: ja
Old world:
Forekomst: Costa Rica, Honduras,

Nicaragua og central Amerika
Kropslængde: 9 cm
Totallængde diagonalt: 15 cm
Nældehår: ja
Levetid: Hun 20 år, Han 5 - 10 år
Erfaring: Begynder

Habitat: A. seemanni eller zebra tarantel stammer fra Costa Rica og Mellem Amerika. Klimaet er tropisk/ tempereret alt efter hvor man befinder sig. De årlige temperatur udsving er mellem 17 - 32 grader. Den findes i den nordlige del hvor klimaet er varmere og typisk i tørre skovområder.

Temperatur/fugtighed: 20 - 23 grader og 65 - 80 % fugtighed. Min A. Seemanni lever under de samme temperaturer som de andre jeg har, 20 - 23 grader. En gang i måneden vander jeg et hjørne af terrariet og opnår på denne måde tilpas fugtighed. Jeg sørger for at det er helt tørt inden jeg vander igen.

Terrarie: De små vil gerne grave sig ned og har brug for 4 - 6 cm bundlag. Ungdyr og voksne skal have et terrarie der kan indeholde 6 - 8 cm bundmateriale. Som fuldvoksen er de mere synlige men graver sig i perioder ned og lukker indgangen til deres skjul.

Bundlag: Jeg bruger en blandning af såjord, vermiculite, sand og kokosfiber.

Skjul: Du kan bruge korkbark, kokosnød eller plastik. Korkbark ser mest naturligt ud men koster også mere.

Fodring: De helt små fodres med små fårekyllinger/melorm, 2 gange ugentligt. Det kan være nødvendigt at aflive et insekt og dele det i flere stykker. Ungdyrene får 2 - 3 medium fårekylling eller 2 medium dubia 1 gang ugentligt. De voksne får 5 - 7 store fårekyllinger eller 2 store dubia om ugen.

Vand: Jeg sørger for frisk vand hver dag.

Tilvækst: A. seemanni har medium vækst. En sling på ca. 0,5 cm vil på et år vokse til ca. 5 cm og derefter går det langsomt med tilvækst.

Temperament: Temperamentet kan variere fra individ til individ. Min er meget afslappet og har ikke vist tegn på aggressiv opførsel.

Bemærkning: Pasning er lige ud ad landevejen, det er generelt en god begynder edderkop.

Brachypelma vagans

Dk navn: Mexicansk rød rumpe
Terrestrial: ja
Arboreal:
Fossorial:
New world: ja
Old world:
Forekomst: Honduras, Nicaragua, Costa Rica
Kropslængde: 8 cm
Totallængde diagonalt: 16 cm
Nældehår: ja
Levetid: Hun 25 år - Han 5 år
Erfaring: Begynder

Habitat: Savanne, græsland med spredt bevoksning af små træer og buske. Et tørt og varmt klima med meget lidt nedbør.
Temperatur/fugtighed: 20 - 29 grader og 65 - 80% fugtighed. Mine egne opholder sig ved stuetemperatur 20 - 23 grader. Jeg fylder vandskålen så meget at det løber over, bare en lille smule, så der er lidt fugt og gentager det først når det er helt tørt.
Terrarie: Der skal være plads nok til 6 - 8 cm bundmateriale til ungdyr og 4 - 6 cm til sling. Sling og ungdyr graver sig ned, som voksen er den mere synlig og har ikke samme tendens til at grave sig ned.
Bundlag: Såjord, sand, vermiculite og kokosfiber.

Brachypelma vagans

Skjul: Korkbark, kokosnød eller plastik. Kokosnødden kan skæres igennem på langs eller på tværs.

Fodring: Den første købte jeg som 1,5 cm og fodrede den med små melorme/fårekylling 2 gange ugentlig. Efterhånden som den voksede fodrede jeg den med 2 - 3 medium fårekylling eller 2 medium dubia 1 gang om ugen. Fuldvoksne edderkopper fodres med 2 store dubia eller 5 - 7 store fårekyllinger, hver 7 - 10 dag. Fårekyllinger og græshopper er ikke så næringsrige som dubia.

Vand: Trods det at jeg ikke har set T. vagans drikke har den adgang til frisk vand hver dag.

Temperament: Den ene vagans jeg har, har en gang strøget nældehår efter mig. Da jeg fik den og skulle have den fra transportboksen over i terrariet tippede jeg boksen så meget at både køkkenrulle og edderkop faldt ud og så blev den mopset. Det var jeg måske også selv blevet. Jeg har både T. vagans og B. albopilosum, ingen af dem har vist nogen som helst form for aggressiv opførsel. For det meste sidder de ganske stille.

Bemærkning: Den fløjls sorte farve på krop/ben passer godt sammen med de røde hår den har på bagkroppen. Alt i alt en attraktiv fugleedderkop. Brachypelma vagans er blevet omdøbt til Tliltocatl vagans.

Brachypelma hamorii

DK navn: Orangebenet
fugleedderkop
Terrestrial: ja
Arboreal:
Fossorial:
New world: ja
Old world:

Forekomst: Mexico
Kropslængde:
Totallængde diagonalt: 14 cm
Nældehår: ja
Levetid: Hun 25 - 30 år, Han 10 år
Erfaring: Begynder

Habitat: Savanne, græsland med spredt bevoksning af små træer og buske. Et varmt og tørt klima med meget lidt nedbør.

Temperatur/fugtighed: 21 - 29 grader og 65 - 80% fugtighed. Mine opholder sig ved den samme temperatur som de andre 20 - 23 grader. Jeg fylder vandskålen så meget at det løber over, ikke alt for meget og lader det tørre helt. Det giver tilpas fugtighed.

Terrarie: Sling og ungdyr skal have nok bundmateriale så de kan grave sig ned altså omkring 4 - 6cm og de fuldvoksne ca. 6 - 8 cm.

Bundlag: Blandingen består af såjord, sand, vermiculite og kokosfiber.

Skjul: korkbark, kokosnød eller

Brachypelma hamorii

plastik. Når de er ca. 6 - 8 cm bruger de ikke deres skjul så meget men er mere synlige.

Fodring: De små 1,5 cm får små fårekyllinger/melorme ofte delt i flere stykker 2 gange om ugen. Ungdyrene bør have 2 - 3 medium fårekyllinger eller 2 medium dubia ugentligt. Fuldvoksne fodres med 2 store dubia eller 6 - 8 store fårekyllinger pr. uge.

Vand: Den skal have adgang til frisk vand hver dag.

Tilvækst: Medium vækst fra 0,5 cm til 4 cm på et år. Ved lidt højere temperatur kan de vokse mere. Efter 3 år havde min nået 7,5 cm og er nu ca. 10 - 11 cm i diagonalt mål.

Temperament: De har nældehår og specielt den ene af mine bruger det næsten hver gang jeg åbner ned til terrariet. Den anden derimod har aldrig brugt det. Temperamentet kan variere meget.

Bemærkning: Brachypelma smithi blev omdøbt til Brachypelma hamorii og er efter sigende den fugleedderkop det hele startede med. De er imponerende at iagttage når de bliver voksne. Stille og rolige med et behageligt temperament.

Brachypelma albopilosum

DK navn: Krølhåret fugleedderkop
Terrestrial: ja
Arboreal:
Fossorial:
New world: ja
Old world:
Forekomst: Honduras, Nicaragua,

Costa Rica
Kropslængde: 8 cm
Totallængde diagonalt: 17 cm
Nældehår: ja
Levetid: Hun 25 år - Han 5 år
Erfaring: Begynder

Habitat: Savanne, græsland med spredt bevoksning af små træer og buske. Et tørt og varmt klima med meget lidt nedbør.

Temperatur/fugtighed: 21 - 29 grader og 65 - 80 % fugtighed. Temperaturen i det rum mine opholder sig, er 20 - 23 grader. For at opnå fugtighed fylder jeg vandskålen så meget at det løber over, bare lidt og gentager det først når der er helt tørt.

Terrarie: Så længe de er i sling stadiet vil de gerne grave sig ned og har derfor brug for 4 - 6 cm bundlag. Ungdyr kan og vil grave sig ned hvis der er bundlag nok ca. 6 - 8 cm. Fuldvoksne er synlige døgnet rundt men gemmer sig i perioder i deres skjul.

Brachypelma albopilosum

Bundlag: Såjord, sand, vermiculite og kokosfiber.

Skjul: Korkbark, kokosnød eller plastikskjul. Når de bliver omkring 7 - 8 cm bliver er de mere synlige.

Fodring: De små får fårekylling/melorm 2 gange ugentligt. Ungdyr 2 - 3 medium fårekylling eller 2 medium dubia 1 gang ugentligt. Fuldvoksne fodres med 2 store dubia eller 6 - 7 store fårekyllinger, hver 7 - 10 dag.

Vand: Trods det at jeg ikke har set min drikke har den adgang til frisk vand hver dag.

Tilvækst: Medium vækst, på et år voksede de fra ca. 1 cm til 3,5 cm. Under optimale betingelser kan de nå 7 - 8 cm på 2,5 - 3 år.

Temperament: Den har et dejligt afslappet temperament. Det er den art som mange vælger at håndtere, hvis det endelig skal være.

Bemærkning: Her er edderkoppen som af alle regnes for den absolut bedste begynder edderkop. Den er hårdfør, den er utrolig let at passe og den er så nuttet. Selv folk med blandede følelser for edderkopper tiltrækkes af dens udseende. Jeg har 2 en hun og en han. Den har fået sit navn på grund af de krøllede hår på benene.

Brachypelma albopilosum er blevet omdøbt til Tliltocatl albopilosus.

Caribena versicolor

Alm. navn: Antilles Pinktoe, Martinique Pinktoe
Terrestrial:
Arboreal: ja
Fossorial:
New world: ja
Old world:

Habitat: Områder med skov, plantager og lignende. Martinique er generelt varmt og fugtigt med rigelig regn og sol.

Temperatur/fugtighed: 20 - 25 grader og 70 - 80 % fugtighed. Igen min opholder sig ved en temperatur som de andre 20 - 23 grader. En gang i ugen drypper jeg vand på spindelvævet så der kommer lidt fugtighed.

Forekomst: Caribien, Martinique, Antillerne
Kropslængde: 6 cm
Totallængde diagonalt: 15 cm.
Nældehår: ja
Levetid: Hun 12 år - Han 2 - 3 år
Erfaring: Begynder/nogen erfaring.

Terrarie: Her er en art der har brug for mere højde end bredde. Uanset størrelse skal den have mulighed for at klatre op enten på en gren eller et stykke korkbark. Hvis der er planter af den ene eller anden slags, kan de ofte være mere synlige. Her er der ikke brug for så meget bundlag, 2,5 - 4 cm er passende. Der skal være rigtig god ventilation.

Bundlag: Såjord, sand, vermiculite

og kokosfiber.

Skjul: Til de små, se kapitlet terrarier. Ungdyr og voksne har brug for et stykke korkbark som stilles op af siden i terrariet.

Vand: Vandskål kan stilles i bunden eller man kan lime en plastkapsel på korkbarken.

Tilvækst: Medium, jeg købte min som sling ca. 1,5 cm og på et år nåede den op på ca. 5 cm.

Temperament: Den er livlig/hurtig den vil gerne springe. Jeg har flere gange oplevet at den springer op på min hånd i forbindelse med rengøring og lignende. Den kan muligvis bide hvis den bliver provokeret længe, min har aldrig stillet sig i forsvarsposition.

Bemærkning: Den er en vidunderlig repræsentant for arboreal arterne og en god begynder. De små har en fantastisk blå farve indtil de som ungdyr skifter til de fuldvoksnes rød/grøn farver. C. versicolor vil i løbet af kort tid lave et stort spindelvæv rundt om korkbark og plastplanter og laver på den måde sin egen hule. Den har nældehår som overføres ved at underkroppen stryges mod hånden.

Grammostola pulchra

Alm. navn: Brazilian black
Terrestrial: Ja
Arboreal:
Fossorial:
New world: Ja
Old world:

Forekomst: Nordlige Brasilien
Totallængde diagonalt: 18 cm
Nældehår: Ja
Levetid: Hun ? Mange år - Han op til 8 år
Erfaring: Begynder

Habitat: Den stammer fra de nordlige skovområder med tropisk, fugtigt klima. Gennemsnits temperaturene kan svinge fra 18 til over 30 grader. Den gennemsnitlige regnmængde i perioden oktober til marts er ca. 1600 mm.

Temperatur/fugtighed:
Stuetemperatur 20 - 23 grader, fugtigheden opnås ved at vande et hjørne af terrariet og lade det tørre helt inden der vandes igen.

Terrarie: Som de fleste små edderkopper vil G. pulchra gerne grave sig ned og har derfor brug for et terrarie der tillader ca. 4 - 6 cm bundlag. Ungdyr vil i perioder grave sig ned og har af samme grund brug

Grammostola pulchra

for 6 - 8 cm bundlag.

Bundlag: Såjord, sand, vermiculite og kokosfiber.

Skjul: Korkbark, kokosnød eller plastikskjul.

Fodring: Jeg har prøvet at fodre med bananfluer til de helt små, under 1,5 cm. Det resulterede i at jeg lige pludselig havde små fluer overalt og de er sejlivede. Over 1,5 cm fodres de med små fårekyllinger/melorme, måske er det nødvendigt at aflive et insekt og dele det i flere stykker, 2 gange om ugen. Ungdyr får 2 - 3 medium fårekyllinger eller 2 medium dubia 1 gang ugentlig. Fuldvoksne får 2 store dubia eller 5 - 7 store fårekyllinger hver 7 - 10 dag.

Vand: Den har adgang til frisk vand hver dag, trods det at jeg aldrig har set den drikke. Et par gange om året bliver halvdelen af terrariet gennemvædet, så det minder om regntid.

Tilvækst: Jeg har flere steder læst at den vokser meget langsomt men med optimal temperatur, fugtighed og fodring vokser den noget hurtigere.

Temperament: Dette er en meget afslappet edderkop som uden problemer kan håndteres. Som fuldvoksen er den stort set altid synlig.

Bemærkning: Den findes i mange samlinger på grund af dens fløjls sorte farve den er utrolig flot. Den er kraftig bygget og stor men meget afslappet. Den er nem af passe og mere hårdfør end nogle af de andre grammostola arter.

Grammostola rosea

DK navn: Rød Chile fugleedderkop
Terrestrial: ja
Arboreal:
Fossorial:
New world: ja
Old world:

Forekomst: Chile, Bolivia, Argentina.
Totallængde diagonalt: 15 cm
Nældehår: ja
Levetid: Hun 20 år - Han 5 år
Erfaring: Begynder

Habitat: Græsland med forskellig krat bevoksning. De nordlige områder er noget af det tørreste i Sydamerika. De gennemsnitlige temperaturer svinger helt ned til 12 - 16 grader i Januar.
Temperatur/fugtighed: 18 - 26 grader og en fugtighed på omkring 55 - 65%. Igen denne art opholder sig under de samme temperaturer som de andre 20 - 23 grader. En

gang i måneden vander jeg et hjørne i terrariet og lader det tørre helt inden jeg vander igen.
Terrarie: De helt små har brug for 4 - 6 cm bundlag da de gerne vil grave sig ned og ungdyr 6 - 8 cm bundlag.
Bundlag: En blanding af såjord, sand, vermiculite og kokosfiber.
Skjul: korkbark, kokosnød eller plastikskjul.

Grammostola rosea

Fodring: Når de er ca. 1,5 cm fodres de med små fårekyllinger eller melorm der der delt i 2 stykker. Ungdyr fodres med 2 - 3 medium fårekylling eller 2 medium dubia. Fuldvoksne fodres med 1 - 3 store fårekyllinger eller 1 stor dubia. Hver uge.

Temperament: Her er en art der kan have store humørsvingninger. En dag kan du få lov til at røre den og næste dag viser den tænder, bogstavelig talt. Den har endnu ikke brugt nældehårene mod mig men har stillet sig i forsvarsposition og på denne måde ladet mig forstå, at den ikke vil forstyrres.

Bemærkning: G. rosea, er kendt for at faste i lange perioder. Jeg har læst om en der fastede i næsten 2 år. Andre faster kun i perioden op til hamskifte. G. rosea har været kendt som både G. rosea og G. porteri. Det er en af de almindeligste edderkopper og findes i de fleste samlinger. Der er 2 farvevariationer rød og normal, efter studier fandt man ud af at, Rød Chile med grå farver er Grammostola porteri og arten med røde hår er den rigtige Grammostola rosea.

Grammostola pulchripes

Dk navn: Chaco gyldne knæ
Terrestrial: ja
Arboreal:
Fossorial:
New world: ja
Old world:

Forekomst: Paraguay, Argentina.
Kropslængde:
Totallængde diagonalt: 18 cm
Nældehår: ja
Levetid: Hun 15 år - Han 5 år
Erfaring: Begynder

Habitat: Græsland med spredt krat bevoksning. Den er vant til temperaturudsving fra 17 - 28 grader, til tider kraftig regnfald og meget tørre perioder.
Temperatur/fugtighed: Stuetemperatur 20 - 23 grader og 55 - 65 % fugtighed. Terrariet holdes tørt den eneste form for fugt er fra vandskålen.
Terrarie: Terrariet til de små bør være stort nok til at kunne indeholde 4 - 6 cm bundlag og til ungdyr og voksne 6 - 8 cm.
Bundlag: Såjord, sand, vermiculite og kokosfiber.
Skjul: korkbark, kokosnød eller plastikskjul. Normalt bruger jeg korkbark. Hvad der er bedst kan jeg ikke svare på men korkbark ser mest naturligt ud.

Grammostola pulchripes

Fodring: Når de har en kropsstørrelse på 1 - 1,5 cm fodrer jeg med små fårekyllinger eller melorm aflivet og delt i 2 - 3 stykker, 2 gange ugentlig. Ungdyr får 2 - 3 medium fårekyllinger eller 2 medium dubia om ugen. De fuldvoksne 2 store dubia eller 6 - 7 store fårekyllinger om ugen.

Vand: Der er en vandskål med frisk vand hver dag. Som er den eneste form for fugt.

Temperament: Den er meget afslappet, let at håndtere. Den har aldrig brugt nældehår mod mig. Den er for det meste synlig og meget afslappet.

Bemærkning: Det er en af mine favorit edderkopper. Den er stor den er dejlig og en smuk repræsentant for sin art. Jo større den bliver jo mere træder farverne frem. Det er ikke forkert at mene at denne art har personlighed og kan lide opmærksomhed. Det er sikkert derfor den findes i mange samlinger.

Lasiodora parahybana

Alm navn: Salmon Pink Birdeater
Terrestrial: ja
Arboreal:
Fossorial:
New world: ja
Old world:

Forekomst: Brasilien
Totallængde diagonalt: 28 cm
Nældehår: ja
Levetid: Hun 15 år, Han 5 år
Erfaring: Begynder

Habitat: LP stammer oprindeligt fra de nord østlige skovområder i Brasilien hvor gennemsnits temperaturen kan nå op over 30 grader. Kommer man længere mod syd kan der være temperaturudsving helt ned til 18 grader.
Temperatur/fugtighed:
Stuetemperatur 20 - 23 grader og fugtighed på ca. 70%. Tilpas fugtighed opnås ved at vande et hjørne af terrariet og lade det tørre helt inden der vandes igen.
Terrarie: I perioder vil den gerne grave sig ned derfor er det vigtigt at der er tilstrækkeligt bundlag. 4 - 6 cm til de små og 6 - 8 cm til ungdyr.
Bundlag: Såjord, sand, vermiculite og kokosfiber.
Skjul: Korkbark eller terracotta urtepotte, den bliver stor.

Lasiodora parahybana

Fodring: De små, ca. 1,5 cm fodres med små fårekyllinger/melorm 2 gange om ugen. Ungdyr får 2 - 3 medium fårekyllinger eller 2 medium dubia om ugen. De fuldvoksne fodres med 2 store dubia eller 8 - 10 store fårekyllinger. Jeg har læst at nogle fodrer med museunger/gekkounger et par gange om året. Det er ikke noget jeg praktiserer og vil heller ikke anbefale dette alene af den grund at det må give meget ekstra rengøring.

Vand: Endnu har jeg ikke set den drikke men den har adgang til frisk vand hver dag.

Tilvækst: Med optimal temperatur og fugtighed kan LP nå op på ca. 8 - 10 cm på et år. En forholdsvis hurtig tilvækst.

Temperament: Den er ikke aggressiv men nysgerrig og fræk. Endnu har jeg ikke oplevet nogen form for defensiv opførsel. Så snart jeg åbner terrariet begynder den med det samme at bevæge sig ud. Den er en af de arter jeg håndterer uden problemer.

Bemærkning: Hvis du gerne vil have en stor fugleedderkop der er let at passe, har et afslappet temperament, er hårdfør så er denne art bestemt noget for dig. De pinkfarvede hår på bagkroppen passer fint sammen med den antracit grå farve.

New world/Old world

Acanthoscurria geniculata forsvarsposition

Der skelnes mellem to kategorier af fugleedderkopper, New world og Old world. New world edderkopperne findes i Nord, Mellem og Syd Amerika og Old world er dem der kommer fra Europa, Afrika, Asien og Australien. Forskellen er deres temperament, hvordan de opfører sig når de skal forsvare sig og ikke mindst hvor giftige de er. Generelt set er New world fugleedderkopperne mere føjelige og medgørlige end Old world men ingen regler uden undtagelser. De fleste New world fugleedderkopper har nældehår på bagkroppen og nogle arter stryger dem af med bagbenene når de føler sig truet, er dette ikke nok kan de bide. Old world fugleedderkopper kan være mere angrebslystne, når de føler sig truet stiller de sig i forsvarsposition og vil bide, bid er deres form for forsvar, igen ingen regler uden undtagelser. Det er i mange tilfælde arten der afgør hvordan de opfører sig.

Hvilken størrelse skal jeg vælge

Hvilken størrelse skal jeg vælge

Ovenover ser du fem størrelser som de (ca.) handles. Er det helt nyt for dig bør du vælge, ikke mindre end, nr. 3, ca. 1,5 cm i kropslængde. Har de denne størrelse er de etableret og spiser godt. Det kræver tålmodighed at begynde med de helt små der kan gå flere år inden du ser det fuldvoksne dyrs farver. Da jeg fik min første sling, Lasiodora parahybana, Salmon Pink birdeater, mente jeg selv jeg havde gjort alt for at den skulle trives, men efter 3 dage døde den. De mindste jeg køber, er normalt ca. 1,5 cm. Er det så ensbetydende med at en nybegynder ikke skal forsøge sig med en mindre sling, nej slet ikke. En nybegynder der har sat sig ind i hvilke udfordringer han/hun stilles overfor kan med held opdrætte slings.

Sæk med æg ca. 3,5 cm dia.

Caribena versicolor sling ca. 1,5 cm

Terrarier

Terrarier

En af udfordringerne ved denne hobby er, at finde passende terrarier til de helt små edderkopper. Er de lidt større er det ikke noget problem, men til de små. Uanset hvilket dyr der er tale om findes der en eller anden standard terrarie men ikke til de små edderkopper.

Heldigvis er problemet ikke så stort der findes et utal af plast bøtter i forskellig størrelse/form og de er billige fig. 1. De indrettes på forskellige måder, terrestrial, tilbringer meget tid oven på jorden. Arboreal, lever i træer og Fossorial tilbringer meget tid under jorden.

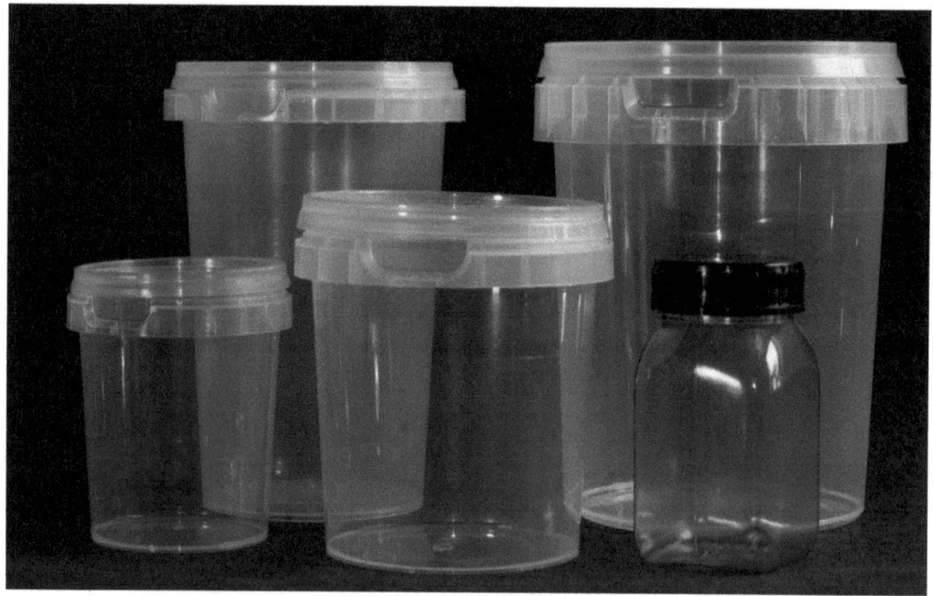

Fig. 1

Terrestrial, først laver jeg 2 rækker huller øverst på bøtten hele vejen rundt, så der er gennemtræk. Til dette formål bruger jeg en loddekolbe. Bundlaget er en blandning af såjord, sand, kokosfiber og vermiculite. Fyld ca. 2 - 3 cm op med såjord og vermiculite og tryk det lidt fast og giv det en rigtig god gang vand (demineraliseret vand) med forstøveren. Fyld resten op og tryk det fast. Jeg har lagt et lille stykke fyrrebark og lavet et hul under barken og til sidst har jeg lagt lidt spagnum mos. Fig. 2

Fig. 2

Arboreal, jeg har fyldt ca. 3 cm op med såjord og givet det en gang vand med forstøveren. Jeg har limet en lille gren med blade (plastik) på et stykke fyrrebark og placeret det op mod siden. Nedenunder ligger der lidt spagnum mos. Fig. 3

Fig. 3

Hvad enten det er til terrestrial, arboreal eller fossorial, Brug forstøveren til at komme vand på siden, så den lille edderkop har noget at drikke når den kommer.

Fossorial, her har jeg fyldt 5 - 6
cm op med såjord blandet med
vermiculite. Igen har jeg også lagt
spagnum mos og til sidst har jeg
med enden af en pensel lavet 3
huller næsten ned til bunden, på
denne måde har den lille fyr fået en
god begyndelse.
Fig. 4

Fig. 4

Fig. 5

Fig. 5, viser en small og en medium
terrarie som er almindeligt solgt i de
fleste dyrehandler. De kan bruges til
de 3 former, terrestrial, arboreal og
fossorial. Det er blot et spørgsmål
om at fylde op med bundmateriale.

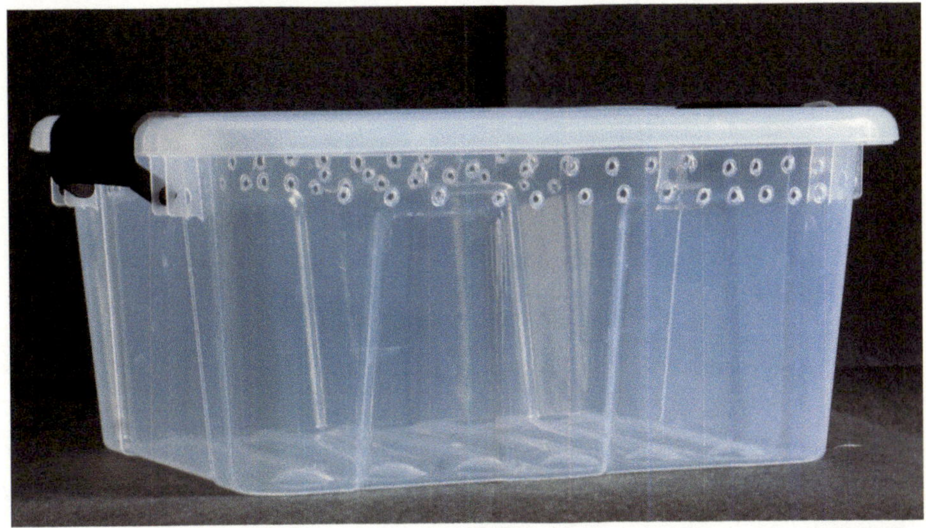

Fig. 6

Fig. 6, et sidste eksempel er denne plastboks som fås i forskellige størrelser. De er aldeles glimrende som terrarie. Fig. 7, der findes forskellige former for skjul. Nogle er lige til at bruge andre kræver lidt kreativitet. Korkbark er vel nok det mest brugte.

Fig. 7

Fig. 8

Fig. 8, terrariet er klar til brug. Såjord i bunden små stykker fyrrebark, et skjul og en lille vandskål. Størrelsen her passer til en fugleedderkop fra 3,5 cm til ca. 5 cm i diagonal mål. Det kan ikke betale sig at købe de dyre terrarier, så længe edderkoppen ikke er fuldvoksen.

Pasning

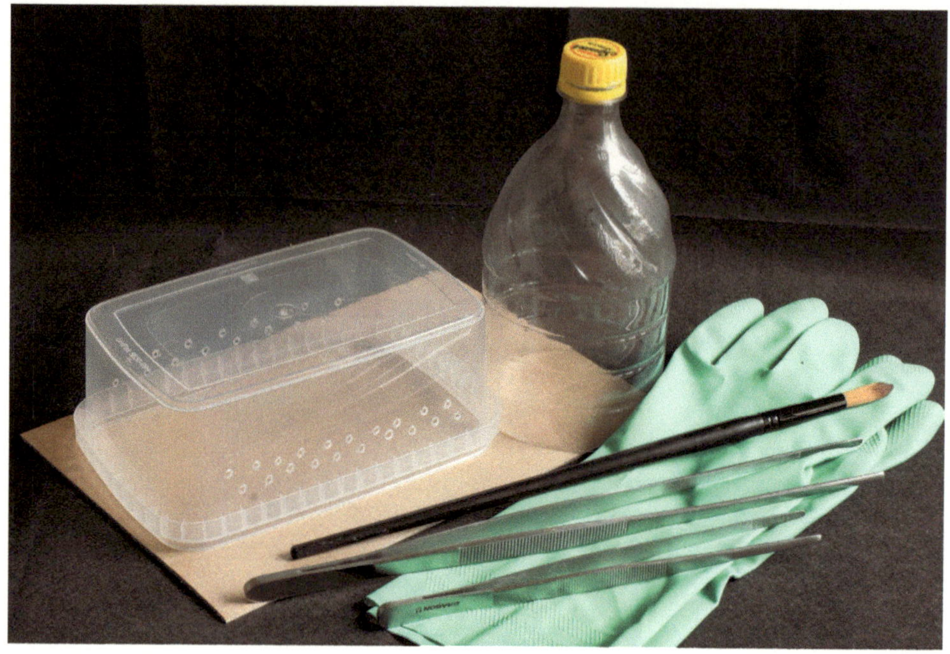

Fig. 9

Der findes ikke et sæt generelle regler for hvordan pasningen af fugleedderkopper foregår. Hver enkelt art har forskellige behov som på bedste vis skal tilgodeses. Hver dag ser jeg efter om der er vand, det er ikke unormalt at vandskålen er fyldt med bundmateriale. En gang i ugen åbner jeg alle terrarier og kigger efter, rester af insekter, afføring og gør terrariets sider rene. Insekter og afføring der får lov til at ligge er grundlaget for mug og mider og kan være skadeligt for edderkopperne. Rengøring er altid lørdag formiddag og edderkopperne har lært hvad der sker og forholder sig stort set rolige, næsten, ikke altid, ingen regler uden undtagelser. En eller to gange i måneden ser jeg efter om der mangler fugt, hos de arter der kræver det og fylder vandskålen op så det løber over og trækker ned til bunden. Fugt er noget du specielt skal være opmærksom på ved de små slings.

På et tidspunkt bliver terrariet for lille til edderkoppen og den skal flyttes til et større terrarie. Der er 3 regler du skal følge, slappe af, giv dig tid og lad være med at stresse edderkoppen. Hvis edderkoppen bliver skræmt, stiller sig i forsvarsposition, så stop med det samme, sæt låget på terrariet og lad edderkoppen falde til ro inden du fortsætter. Er edderkoppen vant til at blive håndteret er det ikke så vanskeligt. Er det modsatte tilfældet kan det tage lidt længere tid. Normalt har jeg forskellige remedier inden for rækkevidde fig. 9. Når jeg har en edderkop der skal flyttes til et større terrarie foregår det på følgende måde. Arten der skal flyttes er afgørende for om jeg bruger gummihandsker. Først flytter jeg vandskål og skjul med en pincet, så tager jeg plastbøtten og sætter den ned over edderkoppen,

dernæst skubber jeg forsigtigt pap stykket ind under bøtten og håber på at edderkoppen selv kravler op på det, så den til sidst er lukket inde, ovre i det ny terrarie sætter jeg bøtten ned og trækker pap stykket væk. Jeg kan også bruge den halve flaske som jeg sætter ned over edderkoppen, så bruger jeg penslen til forsigtigt at skubbe den lidt på vej. Jeg har boret 3 huller i kapslen, i tilfælde af at edderkoppen ikke vil ud puster jeg lidt igennem hullerne, så skal den nok kravle ud. Så enkelt kan det være, men sådan går det ikke altid. Igen det handler om at gøre det hele stille og roligt, så edderkoppen ikke skræmmes.

Foderinsekter

Foderinsekter

Dubia kakerlak

Fårekylling

Græshoppe

Melorm

Er du sart? Din edderkop skal have levende foder. Du skal opbevare insekterne og fodre dem. Mens edderkoppen er lille skal du aflive et insekt og dele det i 2 - 3 stykker. Heldigvis sælger nogle dyrehandler mindre portioner. Melorm og kæmpe melorm sælges i portioner fra 100 g og op, dubia, fårekylling og græshoppe sælges nogle steder ned til 10 styk og fås i 3 størrelser small, medium og large.

Zophobas, kæmpe melorm

Opbevaring af foderinsekter

Opbevaring af foderinsekter

Dubia, argentinsk kakerlak. Mine kakerlakker bor i en sort 14 l, plastkasse med låg og godt med ventilationshuller. Kakerlakkerne gemmer sig mellem æggebakkerne. Jeg fodre dem med hønsepiller, havregryn, frugt og grønt. Nogle fodre dem også med fiskefoder.

De må ikke få mere frugt og grønt end de kan spise på ca. 1 time. Som strøelse bruger jeg små høvlspåner magen til dem der bruges til kanin og marsvin.

Fårekyllinger, bor i en klar plastboks, med låg og ventilationshuller. I bunden er der lagt vermiculite ca. 2 cm. De fodres på samme måde som dubia.

Melorme bruger jeg kun når jeg har små slings som regel køber jeg 100 gram ad gangen. Jeg fodre tit, både store og små og sørger for at bruge dem rimeligt hurtigt. De fodres med enten havregryn eller hvedeklid. De bor i en plastbøtte som er godt ventileret.

Kæmpe melorme og græshopper køber jeg kun en gang imellem så der er lidt afveksling. De holdes og fodres på samme måde som henholdsvis melorm og dubia.

Dubia

Fodring

Fodring

Uanset om du har hund, kat eller hamster, har du kæledyr er du vant til at de skal have vand, ofte mere end en gang om dagen og de skal have foder. Det er nemt og ligetil at fodre kæledyr. Fodret kommer i en pose eller dåse og i beskrivelsen står der hvor meget du bør fodre hver dag.

Sådan forholder det sig ikke med fugleedderkopper. Der findes flere forskellige foderinsekter som er velegnede til netop edderkopper men de kommer ikke med en beskrivelse om hvor meget eller hvor ofte du bør fodre. Hvor meget og hvor ofte der fodres er afhængig af, art, størrelse og erfaring. Du kan lave en fodringsplan men vær opmærksom på at visse arter vil faste i længere tid, måneder, uden at tage skade.

De små edderkopper, er i naturen sårbare overfor andre rovdyr og spiser derfor meget så de vokser hurtigere. Derfor vælger mange at fodre så længe edderkoppen spiser hvad den får, alt efter foderinsektets størrelse er fodring 2 - 3 gange ugentligt passende. Fra tid til anden ses spørgsmål om hvorvidt man kan overfodre fugleedderkoppen og om den kan blive overvægtig, som så resultere i f.eks. organsvigt og problemer med hamskifte. Der er ikke videnskabelig bevis for at det er tilfældet og mange mener det er en myte. De spiser ikke til de revner, overfodring kan dog være årsag til at de kan komme til skade ved fald og ødelægge underkroppen.

Når edderkoppen har nået 3,5 - 5 cm, er det ikke nødvendigt at fodre så meget, edderkoppen er nu over den skrøbelige fase og tilvæksten vil aftage en smule. I denne fase fodrer jeg normalt lidt større foderinsekter 1 - 2 gange om ugen.

Mængden af foder til de voksne fugleedderkopper er afhængig af arten. En voksen Grammostola porteri/rosea spiser 4 - 5 store fårekyllinger hver 2 - 3 uge mens min A. geniculata spiser den samme mængde 1 gang om ugen. Det er vigtigt at du er opmærksom på bagkroppens størrelse hvordan den reagerer når den fodres det vil mange gange afgøre om der skal fodres mere eller mindre. Nogle fodrer mindre insekter flere gange ugentligt mens andre fodrer større insekter færre gange ugentligt. Der er i virkeligheden ikke en rigtig eller forkert måde at gøre det på. Der er nogle generelle regler for hvor stor foderinsektet du fodrer er i forhold til edderkoppens størrelse. Det er mange gange nødvendigt at aflive et insekt og skære det i mindre stykker til de små slings, store byttedyr kan forsvare sig. Jeg fodrer med insekter der er ca. 2/3 af edderkoppens kropslængde så de er i stand til at fange og aflive byttet. Slings og ungdyr bør kun fodres med et insekt ad gangen, 2 eller flere kan stresse dem. De større edderkopper kan uden problemer håndtere flere på samme tid men i stedet for at smide flere fårekyllinger ned i terrariet bruger jeg hellere en større dubia. Fårekylling er måske nok det mest populære foderinsekt. De kan købes i de fleste dyrehandler, de fås i flere størrelser og handles, så vidt jeg ved fra 10 stk. ad gangen. Overskuddet af fårekyllinger opbevarer du som beskrevet i kapitlet opbevaring af foderinsekter. De kan lugte og de kan være svære at holde i live. Melorm, bruger jeg kun når jeg har små slings. Jeg knuser hovedet på dem da de ellers graver sig ned og senere kommer frem som små sorte biller dem vil edderkopperne ikke spise.

Kæmpe melorm, er udmærkede som foder til de store edderkopper. De kan blive 5 cm lange og kan bide fra sig, af samme grund knuser jeg altid hovedet på dem inden jeg smider en ned i terrariet.

Dubia kakerlakker, er et godt valg som foderinsekt og fås i flere forskellige størrelser. Får de lov til at ligge for længe i terrariet graver de sig ned, de kan også ligge helt stille og se ud som om de er døde når edderkoppen nærmer sig. Man kan somme tider få den opfattelse at mange gør fodringen mere besværlig end den i virkeligheden er. Inden jeg åbner ned til terrariet, ser jeg efter hvor edderkoppen befinder sig. Så tager jeg et foderinsekt og smider ned. Så lukker jeg igen og sørger for at der er lukket rigtigt. Selv om fugleedderkoppen har 8 øjne ser den ikke ret godt den opfanger vibrationerne fra insektets bevægelser med sansehår som sidder på benene. Fugleedderkopperne har udviklet sig gennem millioner af år, instinktivt ved de hvordan man spiser ellers havde de ikke overlevet så længe.

Hvis din fugleedderkop nægter at indtage føde, er der ingen grund til panik. De fleste spiser ikke i perioden op til hamskifte og nogle arter faster i længere perioder. Har edderkoppen ikke spist et insekt, så fjern det og prøv igen om 5 - 7 dage. Mange bruger pincetten til at fodre med og håndfodrer på denne måde. Det er egentlig at lege lidt med ilden, edderkoppen kan beskadige dens gifttænder og de kan meget hurtigt sprinte op ad pincetten. Oplever du en situation der ikke høres om så tit eller har du spørgsmål fordi du er i tvivl, så besøg en af de mange hjemmesider der findes. Husk, fugleedderkoppen er ikke så skrøbelig. Den har overlevet millioner af års udvikling, er hårdfør og tilpasser sig omgivelserne.

Det her er selvfølgelig kun retningslinjer det er ikke den eneste måde at gøre det på. Jo mere du er opmærksom på edderkoppens opførsel, jo mere erfaring samler du.

Temperatur og fugtighed

Temperatur og fugtighed

Efter adskillige timers læsning om fugleedderkoppens naturlige omgivelser og hvordan man passer den, indretter man så et terrarie til det nye medlem af familien. Vi bruger det rigtige bundmateriale, placerer et korkskjul, måske et par plastplanter og en lille vandskål og så er terrariet klar til indflytning. Ifølge pasningsvejledningen skal fugleedderkoppen bruge ca. 75% fugtighed og 25 graders varme. Så må man hellere anskaffe sig en fugtighedsmåler/termometer, en af de der kombimodeller. Måleren viser at fugtighed og temperatur er alt for lav så skal der sprøjtes vand i terrariet og måske en varmemåtte/pære. NEJ. Fugleedderkopperne er slet ikke så skrøbelige. De forskellige arter kan have forskellige behov men i det store hele tilpasser fugleedderkopperne sig omgivelserne. Min H. gigas f.eks. kræver fugtige omgivelser mens min G. pulchripes ikke får anden fugtighed end hvad vandskålen afgiver. Imellem disse yderpunkter er der en gråzone og her gælder det især om, at være opmærksom på edderkoppens opførsel, tilbringer den meget tid ved vandskålen kunne det betyde at der er for tørt. På den anden side, sidder den meget oppe på siderne af terrariet, er der måske for fugtigt. Mange af de steder hvor edderkopperne kommer fra er det varmt om dagen og køligere om natten. Her er det man må indgå et kompromis og finde en middelvej. Mine edderkopper befinder sig udmærket ved en temperatur på 20 - 23 grader. De arter der graver sig ned, fossorial, gør det for at undslippe fjender, eller for at få mere/mindre fugt. Temperatur og fugtigheds målinger inde fra disse underjordiske huler viser at både temperatur og fugtighed er meget forskellig fra det der findes uden for deres huler. Derfor, normal stuetemperatur 20 - 23 grader er ganske udmærket for langt de fleste arter. Mangler du ekstra varme, specielt om vinteren, er det bedst at anskaffe en elradiator (olie) og en timer, så el-måleren ikke løber løbsk. Alt hvad der hedder varmemåtter, puder, pære, er no go. Det vil med stor sandsynlighed være den visse død for fugleedderkoppen. Så meget om varme og fugtighed. Er der frisk vand hver dag kombineret med gennemtræk i terrariet og stuetemperatur, så er du rigtig godt vej. De edderkopper der er præsenteret her i bogen, befinder sig udmærket ved stuetemperatur.

Hamskifte

Hamskifte

En af de ting der kan være årsag til bekymring og panik er hamskifte. Da vores eget skelet er levende, vokser vores knogler, efterhånden som vi bliver større. Leddyrs skelet kan ikke vokse, så de er nødt til at udskifte deres skelet med jævne mellemrum, indtil de er fuldt udvoksede. Dette kaldes for hamskifte. Ved hamskifte smider leddyret sit exoskelet, for at træde ud med et nyt endnu blødt exoskelet, der gør det svært for dyret at stå og bevæge sig. Af samme årsag er leddyr meget sårbare i tiden omkring et hamskifte. Op mod 90 % af alle dødsfald blandt leddyr sker under hamskiftet. Kort tid inden den gør klar til hamskifte pumper den så meget væske ud mellem det nye og gamle exoskelet at det revner og så kan edderkoppen begynde at arbejde sig ud af det gamle exoskelet. Alle der har fugleedderkopper har prøvet det, pludselig stopper edderkoppen med at spise, den virker sløv og utrolig langsom, den graver sig ned eller lukker indgangen til hulen, det kan strække sig over flere uger, den må bestemt være syg. Posten kom med min B. albopilosum en fredag og lørdag morgen var indgangen til skjulet lukket og jeg så den ikke i næsten en måned. Da den endeligt kom frem, blev jeg klar over at den havde skiftet ham. Du har fodret din edderkop regelmæssigt og pludselig stopper den med at spise. Det kan give rynker i panden men, de fleste arter stopper med at spise i perioden op til hamskifte for at forberede deres krop på den krævende proces. Der kan dog være andre årsager til at edderkoppen ikke spiser. Nogle arter faster i lange perioder og det er helt naturligt men grunden kan også være stress. Er bagkroppen større end normalt, virker den buttet og skinnende er der gode chancer for at den snart skifter ham. Efterhånden som det nye skellet dannes bliver bagkroppen mere mørk og man kan på nogle arter se de nye hår under den udstrakte hud. De kan i denne periode virke lidt sky og hemmelighedsfulde, de kan sidde helt stille eller gemme sig. Derfor når din fugleedderkop lukker af til skjulet, er den ikke i fare eller død, den behøver ikke blive reddet. Det er ren instinkt der får edderkoppen til at gøre disse ting. I denne periode er den meget sårbar. Når den er færdig, kommer den ud igen. Andre arter spinder

Hamskifte

et væv i terrariet og lægger sig på ryggen når de skal skifte ham. Nogle New world arter stryger nældehår af på spindelvævet som en ekstra form for beskyttelse. Altså, ligger edderkoppen på ryggen, er den ikke død, du må ikke vende den om på maven, lad være med at røre eller puste på den. Lad den ligge og selv klare den udmattende opgave, hamskifte er en naturlig begivenhed for edderkoppen. Enhver form for indblanding kan have katastrofale følger.

Værd at vide om bid og nældehår

Værd at vide om bid og næddehår

Det er ikke værre end at blive stukket af en bi, ja, hvad hvis bien er 15 - 20 cm lang.

Da jeg besluttede at anskaffe mig en fugleedderkop, købte jeg 3 første gang. Brachypelma albopilosum, Brachypelma vagans og egentlig skulle jeg have haft en Acanthoscurria geniculata men fik i stedet en Hysterocrates gigas. Forhandleren ringede og spurgte om det var ok. Hvad jeg ikke vidste på dette tidspunkt var, at H. gigas er en Old world. På internettet tog det ikke særlig lang tid at finde ud af at, det der, ikke værre end et bistik, langt fra er hele sandheden. Et bid fra en lille New world, er måske ikke værre end et bi eller hvepsestik eller rettere sagt to stik edderkoppen har 2 gifttænder. Der er dog 3 vigtige punkter som måske er overset.

De store fugleedderkopper har tilsvarende større gifttænder og det betyder at chancen for at beskadige bevægelsen i hånd eller finger er tilstede. Fugleedderkoppens gifttænder er ikke rene, et bid er ensbetydende med punktering af huden og mulighed for en infektion. Old world fugleedderkopper har meget stærkere gift end New world. Disse 3 punkter er værd at tage til efterretning. Der findes mennesker der praler med at de ikke er bange for at blive bidt. Der er ikke nogen grund til at være bange for fugleedderkopper men man skal have respekt for dem. Uheldet kan være ude og en enkelt skødesløs handling kan være årsag til bid. Jeg har læst om 2 der på grund af små fejl blev bidt. I begge tilfælde blev der taget billeder af biddene og de tilskadekomne forsikrede at biddene var harmløse og ikke mere smertefulde end bistik. Men at tro på at bid fra alle fugleedderkopper er som bistik, er naivt.

Det er langt fra tilfældet.

Det er rigtigt at New world fugleedderkoppernes gift ikke er så stærk men tag ikke fejl de kan og vil bide hvis de bliver provokeret. De forskellige arter præsenteret i bogen er alle New world og dem der håndteres mest. Dem der er blevet bidt af en New world oplever blødning, hævelse og lokal smerte. Ser man så på nogle af de store Old world fugleedderkopper de har gifttænder der er 1,5 - 2 cm lange. Hvad sker der hvis disse tænder rammer en blodåre, nerve eller sene? Et bid af en fugleedderkop efterlader 1 - 2 punkteringer af huden. Terrariet er på ingen måde et sterilt miljø, foderinsekterne

Værd at vide om bid og nældehår

er heller ikke sterile der kan være bakterier fra afføring osv. Det vil med andre ord sige at et bid højst sandsynlig vil medføre en infektion som i værste tilfælde er 1,5 - 2 cm inde i hånd eller finger. Der findes ikke nogen rapporter om mennesker der er døde på grund af bid fra fugleedderkopper men mennesker er døde af eftervirkninger, koldbrand og blodforgiftning. Old world arternes gift er væsentligt stærkere, deres gift er også et forsvar mod andre rovdyr. De kan og vil bide for at forsvare sig selv, ofte bider de mere end en gang som betyder flere bidsår og mere gift. Selv om giften ikke dræber kan virkningerne være skræmmende. Virkningerne kan være, opkastning, svimmelhed, hjertebanken, desorientering, stakåndet, lavt blodtryk, kramper i hele kroppen, brystkramper, åndedrætsbesvær, følelsesløshed.

Det er ikke min mening at skræmme folk men sørge for at de er opmærksomme på hvad der kan ske. Du kan finde flere oplysninger på Arachnoboards, Bite Report. Fugleedderkopperne er nogle fantastiske skabninger og det er interessant at iagttage dem. Nældehår.

Der kendes til 7 forskellige slags nældehår, setae, de findes hos stort set alle New world fugleedderkopper. Nældehårene sidder på bagkroppen og hos nogle arter stryges de af med bagbenene. De virker som et forsvar mod andre rovdyr. Nældehårene er små harpuner som svæver rundt i luften og sætter sig fast i huden. Gener, er irritation af huden, kløe, ligesom frøene fra hyben, kløpulver, som kan strække sig over dage og uger andre gener kan være udslet og små væskefyldte blærer. Får man nældehår i mund, næse eller øjne kan det blive alvorligt og ende med en tur på skadegangen.

At håndtere eller ikke håndtere

At håndtere eller ikke håndtere

Det er flere steder på nettet et varmt emne. Der er argumenter for og imod, hvorvidt det er rigtigt, forkert eller nødvendigt. Personligt gør jeg det ikke af hensyn til min og edderkoppens sikkerhed. Fugleedderkoppen er ikke et kontakt søgende dyr, kun når det er parringstid, den har ikke brug for social samværd. Jeg forstår udmærket dem der gerne vil have en form for kontakt til deres kæledyr og derfor håndtere det. Hvad enten edderkoppen er stor eller lille skal der utroligt lidt til at skræmme dem, har du prøvet at puste, bare lidt, på din hund/kat, så forstår du hvad jeg mener. Bliver edderkoppen skræmt og bider, er reaktionen i de fleste tilfælde, at svinge ud med armen dvs. edderkoppen får en flyvetur gennem rummet, banker mod en væk og falder ned. De mennesker der håndtere deres fugleedderkopper har lært at læse deres temperament inden de forsøger at håndtere dem. Har du lyst til at prøve, er der et par ting du bør være opmærksom på. Fugleedderkoppen tåler ikke et fald fra større højder, den kan beskadige bagkroppen. En god ide er derfor at sidde med den i en sofa eller på gulvet. Når du skal have edderkoppen over på din hånd kan du gøre det på følgende måder. Undersøg edderkoppens humør, prik til dens bagben med en pensel. Bliver den siddende eller flytter sig langsomt, er humøret ok. Krøller den derimod sammen eller flytter sig hurtigt, er det bedst at lade edderkoppen være. Sæt hånden langsomt ned, brug evt. penslen og prik lidt til et bagben så den bevæger sig op på din hånd. Nogle edderkopper er så nysgerrige at de selv kravler op og fortsætter over på din hånd. Vær hele tiden opmærksom på edderkoppen, så den ikke lider overlast eller bliver stresset.

Sidste bemærkning

Når du åbner terrariet overtræder du grænsen til fugleedderkoppens territorium. Nogle arter vil forsvare dette område med næeldehår og bid.

Du kan undgå dette ved at, sørge for at edderkoppen har mulighed for at gemme sig og banke på terrariet inden du åbner.